4

언어발달 촉진 프로그램

민이네 아침 풍경

평가와 중재 기록지

| 윤혜련 · 양수진 · 오세나 · 이경아 공저 |

학지사

학지사 심리검사연구소

머리말

〈언어발달 촉진 프로그램〉은 유치원부터 초등학교까지 아동의 언어발달을 촉진시키기 위한 목표로 개발되었다. 아동의 일상생활을 시간의 순서에 따라 아침부터 밤까지 여러 아동이 경험하는 상황들을 여덟 개의 장면에 담아 다양한 캐릭터와 사건으로 흥미롭게 구성하였다. 대부분의 캐릭터는 우리의 일상생활에서 흔히 만나게 되는 친숙한 사람들이고, 그 안에서 이루어지는 행동과 사건 역시 언어연령이 5세 이상인 학령기 아동이라면 쉽게 이해할 수 있는 내용으로 구성하였다. 이 프로그램의 첫 번째 이야기인 〈민이네 아침 풍경〉은 전체 이야기에 등장하는 주인공들이 아침 일과를 시작하는 내용으로, 어휘촉진과 구문촉진을 목표로 반복적인 연습을 할 수 있도록 하였다. 이 프로그램은 활동 지침서, 워크북(2권), 평가와 중재 기록지, 그림판으로 구성되어 있다.

- **활동 지침서**: 그림판과 워크북을 사용하여 어떻게 언어중재 활동을 할 것인지를 자세하게 설명한 지침서다. 평가하기, 언어중재 목표 설정, 중재활동의 3개 장으로 이루어져 있다.
- **워크북**: 활동 지침서의 순서에 따라 '어휘촉진 활동'과 '구문촉진 활동'으로 구성하였다. 필요한 부분을 오려서 개별 아동이 손쉽게 사용할 수 있도록 엮었다.
- **평가와 중재 기록지**: 어휘평가 목록과 평가결과 기록지, 구문능력 종합평가표, 중재 목표 기록지 및 중재 결과 기록지로 구성하였다. 개별 아동에게 한 권씩 사용하기 편리하도록 별도로 엮었다.
- **그림판**: 3층으로 된 다세대주택에 사는 세 가구의 가족이 등장하는 큰 그림으로, 뒷면에는 등장인물에 대한 간단한 소개가 있다.

차례

어휘평가 목록: 거실

	거실	품사	수준	활용	아동 반응 기술하기	표현		이해	
						날짜	날짜	날짜	날짜
						월 일	월 일	월 일	월 일
1	거실	명	기본						
2	구부리다	동	확장						
3	구부정하다	형	확장						
4	기사	명	확장	신문기사					
5	끄다	동	기본	꺼지다 꺼져 있다					
6	놀이	명	기본						
7	놓다	동	기본	놓이다 놓여 있다					
8	뉴스	명	기본						
9	늙다	동	기본						
10	뒷짐	명	확장	뒷짐 지다					
11	매트	명	확장	놀이매트					
12	물뿌리개	명	확장						
13	방석	명	기본						
14	방송	명	기본						
15	보다	동	기본	신문을 보다					
16	보도	명	확장						
17	부지런하다	형	기본						
18	블록	명	기본						
19	산호	명	확장						
20	세우다	동	기본	세워 놓다					
21	소식	명	기본						
22	소파	명	기본						
23	숫자	명	기본						
24	슬리퍼	명	기본						
25	시계	명	기본						

	거실	품사	수준	활용	아동 반응 기술하기	표현		이해	
						날짜	날짜	날짜	날짜
						월 일	월 일	월 일	월 일
26	신문	명	기본						
27	아나운서	명	확장						
28	안경	명	기본	안경을 쓰다					
29	안테나	명	확장						
30	앉다	동	기본						
31	알록달록하다	형	확장	알록달록					
32	어지르다	동	기본						
33	어항	명	기본						
34	유모차	명	기본						
35	인형	명	기본						
36	장난감	명	기본						
37	장식장	명	확장						
38	전하다	동	확장	소식을 전하다					
39	접다	동	기본	접히다 접혀 있다					
40	주다	동	기본	물을 주다					
41	주름살	명	기본						
42	카펫	명	확장						
43	켜다	동	기본	켜지다 켜져 있다					
44	텔레비전	명	기본						
45	판	명	기본	숫자판					
46	펼치다	동	기본						
47	허리	명	기본						
48	화분	명	기본						
49	화초	명	기본						

	거실	품사	수준	활용	아동 반응 기술하기	표현		이해	
						날짜	날짜	날짜	날짜
						월 일	월 일	월 일	월 일
*기타									
합계	49개								

* 기타: 목록에는 없지만 아동이 자발적으로 말한 내용을 써 주세요. 정반응 어휘 수를 계산할 때는 합산하지 않습니다.

어휘평가 목록: 화장실

	화장실	품사	수준	활용	아동 반응 기술하기	표현		이해	
						날짜	날짜	날짜	날짜
						월 일	월 일	월 일	월 일
1	감다	동	기본	머리를 감기다 감겨 주다					
2	감다	동	기본	눈을 감다					
3	거울	명	기본						
4	거품	명	기본						
5	걸다	동	기본	걸리다 걸려 있다					
6	고약하다	형	기본						
7	꽂다	동	기본	꽂히다 꽂혀 있다					
8	나다	동	기본	거품이 나다 냄새가 나다					
9	내리다	동	기본	물을 내리다					
10	냄새	명	기본						
11	누다	동	기본	똥을 누다					
12	눈	명	기본						
13	대변	명	확장						
14	대변보다	동	확장						
15	두르다	동	기본	수건을 두르다					
16	똥	명	기본						
17	뚜껑	명	기본						
18	맵다	형	기본	눈이 맵다					
19	머리	명	기본						
20	목욕탕	명	기본						
21	못	명	기본						
22	물	명	기본						
23	벽	명	기본						
24	변기	명	기본						
25	보다	동	기본	책을 보다					
26	비누	명	기본						

	화장실	품사	수준	활용	아동 반응 기술하기	표현		이해	
						날짜	날짜	날짜	날짜
						월 일	월 일	월 일	월 일
27	비다	형	기본	비어 있다					
28	뿌리다	동	기본						
29	샴푸	명	기본						
30	세면대	명	확장						
31	세숫대야	명	기본						
32	수건	명	기본						
33	수납장	명	확장						
34	수도꼭지	명	확장						
35	없다	형	기본	휴지가 없다 아무도 없다 있다					
36	올려놓다	동	기본						
37	욕조	명	확장						
38	잠그다	동	기본	문을 잠그다					
39	젖히다	동	확장	고개를 젖히다					
40	지독하다	형	기본						
41	찌푸리다	동	확장						
42	찡그리다	동	확장	얼굴을 찡그리다					
43	창문	명	기본						
44	책	명	기본	만화책					
45	체중계	명	확장	저울					
46	치약	명	기본						
47	칫솔	명	기본						
48	칫솔꽂이	명	확장						
49	타일	명	확장						
50	틀다	동	기본	샤워기를 틀다					
51	하수구	명	확장						
52	화장실	명	기본						
53	휠체어	명	확장						

	화장실	품사	수준	활용	아동 반응 기술하기	표현		이해	
						날짜	날짜	날짜	날짜
						월 일	월 일	월 일	월 일
54	휴지	명	기본						
55	힘쓰다	동	기본						
56	힘주다	동	기본						
*기타									
합계	56개								

* 기타: 목록에는 없지만 아동이 자발적으로 말한 내용을 써 주세요. 정반응 어휘 수를 계산할 때는 합산하지 않습니다.

어휘평가 목록: 부엌

	부엌	품사	수준	활용	아동 반응 기술하기	표현		이해	
						날짜	날짜	날짜	날짜
						월 일	월 일	월 일	월 일
1	갈래	명	확장	양 갈래로 묶다					
2	개수대	명	확장						
3	건조대	명	확장	식기건조대					
4	과일	명	기본						
5	교자상	명	확장						
6	국	명	기본						
7	굽다	동	기본	고기를 굽다					
8	기르다	동	기본	콧수염을 기르다					
9	깎다	동	기본						
10	꿇다	동	기본	무릎을 꿇다					
11	냄비	명	기본						
12	냉동실	명	확장						
13	냉장고	명	기본						
14	들다	동	기본	과일이 들어 있다					
15	들다	동	기본	냄비를 들다					
16	따르다	동	기본						
17	뜨겁다	형	기본						
18	맞은편	명	확장						
19	무릎	명	기본						
20	미소	명	확장	미소 짓다					
21	미역국	명	기본						
22	민소매	명	확장						
23	바닥	명	기본	바닥에 앉다					
24	바르다	동	기본	잼을 바르다					
25	반찬	명	기본						
26	밥	명	기본						
27	밥그릇	명	기본						
28	밥상	명	기본						
29	벌리다	동	기본	입을 벌리다					

	부엌	품사	수준	활용	아동 반응 기술하기	표현		이해	
						날짜	날짜	날짜	날짜
						월 일	월 일	월 일	월 일
30	봉지	명	확장						
31	부엌	명	기본						
32	빵	명	기본						
33	빼다	동	기본	빠지다					
34	상	명	기본						
35	생일상	명	확장						
36	설거지하다	동	기본						
37	수염	명	기본	콧수염					
38	수저	명	기본						
39	식기	명	확장						
40	식빵	명	기본						
41	식사	명	확장	아침식사					
42	식탁	명	기본						
43	식탁보	명	확장						
44	신다	동	기본						
45	싱크대	명	확장						
46	아침	명	기본						
47	앞치마	명	기본						
48	옆	명	기본	위, 밑, 앞, 뒤					
49	의자	명	기본						
50	올려놓다	동	기본						
51	웃음	명	확장	웃음 짓다					
52	장갑	명	기본	장갑을 끼다					
53	잼	명	기본						
54	전자레인지	명	확장						
55	접다	동	기본	접히다 접혀 있다					
56	접시	명	기본						
57	주방	명	확장						

	부엌	품사	수준	활용	아동 반응 기술하기	표현		이해	
						날짜	날짜	날짜	날짜
						월 일	월 일	월 일	월 일
58	주부	명	확장						
59	주전자	명	기본						
60	집다	동	기본	젓가락으로 집다					
61	찌개	명	기본						
62	차리다	동	기본	상을 차리다					
63	컵	명	기본						
64	코드	명	기본						
65	콘센트	명	확장						
66	토스터	명	확장						
67	푸다	동	기본	밥을 푸다					
68	플러그	명	확장						
*기타									
합계	68개								

* 기타: 목록에는 없지만 아동이 자발적으로 말한 내용을 써 주세요. 정반응 어휘 수를 계산할 때는 합산하지 않습니다.

어휘평가 목록: 안방

	안방	품사	수준	활용	아동 반응 기술하기	표현		이해	
						날짜	날짜	날짜	날짜
						월 일	월 일	월 일	월 일
1	개	명	기본	세 개					
2	개다	동	기본	이불을 개다					
3	거울	명	기본						
4	고양이	명	기본						
5	고프다	형	기본	배가 고프다					
6	깔끔하다	형	확장						
7	꾸미다	동	기본						
8	단장하다	동	확장						
9	들여다보다	동	기본						
10	먹이다	동	기본						
11	바르다	동	기본	로션을 바르다					
12	반바지	명	기본						
13	방바닥	명	기본						
14	베개	명	기본						
15	보다	동	기본	거울을 보다					
16	보석	명	기본						
17	보석함	명	확장						
18	비치다	동	확장	거울에 비치다					
19	빗	명	기본						
20	새	명	기본						
21	서다	동	기본	세우다 세워 놓다					
22	서랍장	명	기본						
23	안다	동	기본	아기를 안고 있다					
24	안방	명	기본						
25	액자	명	확장						
26	이불	명	기본						
27	장롱	명	기본	옷장					
28	젖병	명	기본	우유병					

	안방	품사	수준	활용	아동 반응 기술하기	표현		이해	
						날짜	날짜	날짜	날짜
						월 일	월 일	월 일	월 일
29	준비하다	동	기본	출근 준비하다					
30	차려입다	동	확장	옷을 차려입다					
31	출근	명	확장						
32	침대	명	기본						
33	커튼	명	기본						
34	포대기	명	확장						
35	피곤하다	형	기본						
36	향기롭다	형	확장						
37	화장대	명	확장						
38	화장지	명	기본	휴지 티슈					
39	화장품	명	기본						
40	화장하다	동	기본						
41	힘들다	형	기본						
*기타									
합계	41개								

* 기타: 목록에는 없지만 아동이 자발적으로 말한 내용을 써 주세요. 정반응 어휘 수를 계산할 때는 합산하지 않습니다.

어휘평가 목록: 아이 방

	아이 방	품사	수준	활용	아동 반응 기술하기	표현		이해	
						날짜	날짜	날짜	날짜
						월 일	월 일	월 일	월 일
1	가지런하다	형	확장						
2	걸다	동	기본	걸리다 걸려 있다					
3	걸치다	동	확장	걸쳐 있다					
4	교복	명	확장						
5	구르다	동	기본						
6	꺼내다	동	기본	꺼내 놓다					
7	꽂다	동	기본	꽂혀 있다					
8	널리다	동	확장	책이 널려 있다					
9	늘어놓다	동	기본						
10	달력	명	기본						
11	도와주다	동	기본						
12	들다	명	확장	마음에 들다 마음에 안 들다					
13	마리	명	확장	강아지 한 마리					
14	머리	명	기본	머리끈					
15	모니터	명	기본						
16	무늬	명	기본	줄무늬, 물방울무늬, 꽃무늬, 체크무늬					
17	묶다	동	기본	묶어 주다					
18	물다	동	기본	물고 있다 물어뜯다					
19	바지	명	기본						
20	바퀴	명	기본						
21	방	명	기본	아이 방					
22	브로마이드	명	확장						
23	사고뭉치	명	확장						
24	사다리	명	기본						
25	스탠드	명	기본	전등					
26	쓰다	동	기본	방을 같이 쓰다					

	아이 방	품사	수준	활용	아동 반응 기술하기	표현		이해	
						날짜	날짜	날짜	날짜
						월 일	월 일	월 일	월 일
27	아이	명	기본						
28	양말	명	기본						
29	열다	동	기본	열려 있다					
30	옷걸이	명	기본						
31	운동	명	기본						
32	운동기구	명	확장						
33	줄넘기	명	기본						
34	지퍼	명	기본						
35	짜증	명	기본	짜증나다					
36	창틀	명	확장	창밖					
37	책가방	명	기본						
38	책꽂이	명	기본						
39	책상	명	기본						
40	챙기다	동	기본	가방을 챙기다					
41	침대	명	기본	이층침대					
42	컴퓨터	명	기본						
43	펼치다	동	확장	펼쳐져 있다					
44	행거	명	확장						
45	회전	명	확장	회전의자					
46	훌라후프	명	기본						
*기타									
합계	46개								

* 기타: 목록에는 없지만 아동이 자발적으로 말한 내용을 써 주세요. 정반응 어휘 수를 계산할 때는 합산하지 않습니다.

어휘평가 목록: 바깥

	바깥	품사	수준	활용	아동 반응 기술하기	표현				이해			
						날짜		날짜		날짜		날짜	
						월	일	월	일	월	일	월	일
1	가방	명	기본										
2	개	명	기본	강아지									
3	걸어가다	동	기본										
4	고등학생	명	확장										
5	고양이	명	기본	도둑고양이									
6	구두	명	기본										
7	귀	명	기본										
8	급하다	형	확장										
9	기다리다	동	기본										
10	기분	명	기본	기분이 좋다 기분이 나쁘다									
11	꽂다	동	기본	귀에 꽂다									
12	날씬하다	형	기본										
13	내놓다	동	기본	화분을 내놓다									
14	널다	동	기본	빨래를 널다									
15	널다	동	확장	널리다 널려 있다									
16	넥타이	명	기본										
17	늦다	형	기본										
18	다이어트	명	확장										
19	데려가다	동	확장	데리고 가다									
20	듣다	동	기본	음악을 듣다									
21	등교하다	동	확장										
22	떨어뜨리다	동	기본	핸드폰을 떨어뜨리다									
23	뚱뚱하다	형	기본										
24	마르다	동	기본	빨래를 말리다									
25	맑다	형	기본										
26	매다	동	기본	넥타이를 매다									
27	머리띠	명	기본										

	바깥	품사	수준	활용	아동 반응 기술하기	표현				이해			
						날짜		날짜		날짜		날짜	
						월	일	월	일	월	일	월	일
28	메다	동	기본	가방을 메다									
29	목걸이	명	기본	개목걸이									
30	밖	명	기본	바깥, 안									
31	반바지	명	기본										
32	보도블록	명	확장										
33	빌라	명	확장	연립주택									
34	빨래	명	기본	빨래집게									
35	빨랫줄	명	기본										
36	산책	명	확장	산책하다									
37	상추	명	기본										
38	상쾌하다	형	확장										
39	서두르다	동	확장										
40	서류	명	확장	서류가방									
41	손	명	기본										
42	손목시계	명	확장										
43	슬리퍼	명	기본										
44	모자	명	확장										
45	아령	명	확장										
46	아저씨	명	기본										
47	아파트	명	기본										
48	안테나	명	확장	위성안테나									
49	양복	명	기본										
50	옥상	명	확장										
51	와이셔츠	명	확장										
52	운동하다	동	기본										
53	웃다	동	기본	싱긋 웃다									
54	음악	명	기본	노래									
55	이어폰	명	확장										
56	인도	명	확장										

	바깥	품사	수준	활용	아동 반응 기술하기	표현				이해			
						날짜		날짜		날짜		날짜	
						월	일	월	일	월	일	월	일
57	자라다	동	기본	꽃이 자라다									
58	자전거	명	기본										
59	재배하다	동	확장										
60	조깅	명	확장										
61	쥐다	동	기본	손에 쥐다									
62	지각	명	기본	지각하다									
63	초조하다	형	확장										
64	추리닝	명	확장	트레이닝복									
65	출입문	명	확장										
66	층	명	기본	3층									
67	팔	명	기본										
68	페달	명	확장										
69	핸드폰	명	기본	휴대폰									
70	핸들	명	확장										
71	화단	명	확장										
72	화창하다	형	확장										
73	흔들다	동	기본										
* 기타													
합계	73개												

* 기타: 목록에는 없지만 아동이 자발적으로 말한 내용을 써 주세요. 정반응 어휘 수를 계산할 때는 합산하지 않습니다.

2. 어휘평가 결과 기록지

아동이름: 연 령:

평 가 일: 평가자:

어휘평가 결과표

장소	전체 어휘 수(333)		명사(214)		동사/형용사(119)	
	표현	이해	표현	이해	표현	이해
거실(49)						
화장실(56)						
부엌(68)						
안방(41)						
아이 방(46)						
바깥(73)						
합계(333)						
정반응률						

*기타						

정반응률 그래프

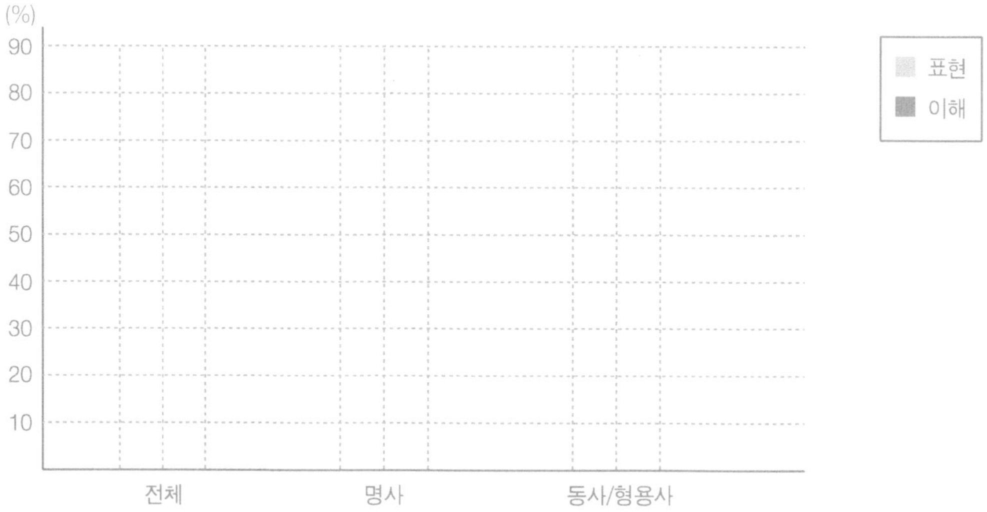

평가결과 요약:

3. 구문평가 결과 기록지

아동이름: 연령: 평가일: 평가자:

	목표문장/틀린 문장	표현		이해			
				고치기		따라 말하기	
		아동 표현	평가	고친 내용	평가	아동 표현	평가
1	아빠는 신문 보고, 아이는 책 봐요. 아빠는 신문 보다가 아이는 책 봐요.						
2	엄마가 거울을 보면서 화장을 해요. 엄마가 거울을 보지만 화장을 해요.						
3	비누칠을 하고 나서 물을 틀었어요. 비누칠을 하려면 물을 틀었어요.						
4	아저씨가 걸어가다가 핸드폰을 떨어뜨려요. 아저씨가 걸어가려고 핸드폰을 떨어뜨려요.						
5	이 방에는 침대가 있지만, 이 방에는 없어요. 이 방에는 침대가 있어서 이 방에는 없어요.						
6	아이가 머리가 아파서 찡그리고 있어요. 아이가 머리가 아프거나 찡그리고 있어요.						
7	날씬해지려면 열심히 운동해야 돼요. 날씬해지면서 열심히 운동해야 돼요.						
8	친구와 같이 학교에 가려고 기다려요. 친구와 같이 학교에 가서 기다려요.						
9	언니는 아래층 침대에서 자거나 위층 침대에서 자요. 언니는 아래층 침대에서 자니까 위층 침대에서 자요.						
10	배가 고파도 기다려야 돼요. 배가 고프려고 기다려야 돼요.						
11	신문 보고 있는 사람이 초록 옷을 입었어요. 신문 보고 있는 사람이 빨간색 옷을 입었어요.						
12	화장하고 있는 사람이 엄마예요. 화장하고 있는 사람이 아빠예요.						
13	엄마는 화장하기를 좋아해요. 엄마는 화장하는 좋아요.						
14	이 아줌마는 몸이 뚱뚱해요. 이 아줌마는 몸을 뚱뚱해요.						
15	아가씨가 아줌마한테 잘 따라가고 있다고 말해요. 아가씨가 아줌마한테 잘 따라가서 말해요.						

4. 구문능력 종합평가표

아동이름:

연 령:

평 가 일:

평가자:

구문평가 결과 요약

문항	아동 발화	표현			이해	
		정확성	문장유형	낱말 수	고치기	따라 말하기
1						
2						
3						
4						
5						
6						
7						
8						
9						
10						
11						
12						
13						
14						
15						
요약		정확률	복문 비율	MLU-w	정확률	정확률

참고 사항

	의미	연결어미 유형	표현 아동 표현의 예	이해 평가
연결어미	나열	-고, -며, -면서		
	동시	-면서, -며, -자, -자마자		
	순서/계기	-고, -(어/아)서		
	전환	-다가, -다		
	대조	-나, -지만		
	이유/원인	-(어/아)서, -니, -니까, -므로		
	조건	-면, -려면, -(어/아)야		
	목적	-러, 려고, -도록, -게		
	선택	-거나, -든지		
	양보	-(어/아)도, -ㄹ지라도, -더라도		
문장 유형	대등하게 이어진문장			
	부사절을 안은문장			
	관형절을 안은문장			
	명사절을 안은문장			
	서술절을 안은문장			
	인용절을 안은문장			

평가 결과 요약

5. 어휘중재 목표 기록지

아동이름:

작 성 자:

작성일자:

치료기간:

아동의 현 수준:

전체 어휘에 대한 정반응률: 이해(______%) 표현(______%)

품사별 정반응률: 명사 (이해 ______% 표현 ______%) 동사 · 형용사 (이해 ______% 표현 ______%)

중재목표 어휘 요약

장소	전체 어휘 수(333)		명사(214)		동사/형용사(119)	
	표현	이해	표현	이해	표현	이해
거실(49)						
화장실(56)						
부엌(68)						
안방(41)						
아이 방(46)						
바깥(73)						
합계						
기존+새 어휘 수 합계(333)						
목표 정반응률						

어휘중재 목표

회기	날짜	목표	세부목표 어휘 목록
1			
2			
3			
4			
5			
6			
7			
8			

6. 구문중재 목표 기록지

아동이름:

작 성 자:

작성일자:

치료기간:

아동의 현 수준 요약표:

평가과제 정확률: 표현 ______% 이해 (고치기) ______% (따라 말하기) ______%

MLU-w: ________________ 복문 비율: ________________

연결어미: 나열(이해/표현) 동시(이해/표현) 순서 · 계기(이해/표현)
전환(이해/표현) 대조(이해/표현) 이유 · 원인(이해/표현)
조건(이해/표현) 목적(이해/표현) 선택(이해/표현)
양보(이해/표현)

문장유형: 대등하게 이어진문장(이해/표현) 부사절을 안은문장(이해/표현)
관형절을 안은문장(이해/표현) 명사절을 안은문장(이해/표현)
서술절을 안은문장(이해/표현) 인용절을 안은문장(이해/표현)

구문중재 목표

	구문목표	활동	언어영역
1			이해/표현
2			이해/표현
3			이해/표현
4			이해/표현
5			이해/표현
6			이해/표현
7			이해/표현
8			이해/표현

7. 어휘중재 결과 기록지

활동 제목:

아동이름:

날 짜:

작 성 자:

회 기:

목표:

치료 전 수준:

세부목표어휘:

참고 사항:

치료 후 수준:

기타 사항:

앞으로의 과제:

8. 구문중재 결과 기록지 1

목표문장 및 아동 반응 기록지

				목표문장(단문)	아동 반응	
					아동 발화	평가(+, −)
①		기본	0	아빠가 신문을 보고 있어요.		
		첨가	A	아빠가 거실에 있어요.		
			B	아빠가 텔레비전을 켜 놨어요.		
			C	아빠가 소파에 앉아 있어요.		
②		기본	0	민이가 똥을 누고 있어요.		
		첨가	A	민이가 화장실에 있어요.		
			B	민이가 만화책을 보고 있어요.		
			C	민이가 얼굴을 찡그리고 있어요.		
③		기본	0	민이 엄마가 화장을 하고 있어요.		
		첨가	A	민이 엄마가 출근을 할 거예요.		
			B	민이 엄마가 화장대 앞에 앉아 있어요.		
			C	민이 엄마가 거울을 보고 있어요.		
④		기본	0	정아 엄마가 아기한테 우유를 먹이고 있어요.		
		첨가	A	정아 엄마가 무릎을 꿇고 앉아 있어요.		
			B	아기는 배가 고파요.		
⑤	1	기본	0	아빠랑 할머니랑 정아가 아침밥을 먹고 있어요.		
		첨가	A	아빠랑 할머니랑 정아가 바닥에 앉아 있어요.		
	2	기본	0	정아가 밥을 먹고 있어요.		
		첨가	A	정아가 입을 크게 벌렸어요.		
	3	기본	0	아빠는 젓가락으로 반찬을 집고 있어요.		
		첨가	A	아빠가 정아 옆에 앉아 있어요.		
	4	기본	0	할머니가 컵에 물을 따르고 있어요.		
		첨가	A	할머니가 무릎을 꿇고 앉아 있어요.		
			B	할머니가 정아 맞은편에 앉아 있어요.		

	목표문장(단문)			아동 반응	
				아동 발화	평가(+, −)
⑥	기본	0	지수 할아버지가 화분에 물을 주고 있어요.		
	첨가	A	지수 할아버지는 허리가 구부정해요.		
		B	거실에 화분이 있어요.		
⑦	기본	0	지수 아빠가 지수 머리를 감겨 주고 있어요.		
	첨가	A	지수가 휠체어에 앉아 있어요.		
		B	지수 아빠가 안경을 썼어요.		
		C	지수 아빠가 샤워기를 틀어 놨어요.		
⑧	기본	0	지수 엄마가 냄비를 식탁에 올려놓고 있어요.		
	첨가	A	지수 엄마는 앞치마를 입고 있어요.		
		B	지수 엄마가 장갑을 꼈어요.		
		C	냄비가 뜨거워요.		
		D	지수 엄마가 부엌에 있어요.		
⑨	기본	0	선미 언니가 경미 머리를 묶어 주고 있어요.		
	첨가	A	경미가 거울을 보고 있어요.		
		B	선미 언니가 교복을 입었어요.		
		C	경미가 얼굴을 찡그려요.		

목표문장 및 아동 반응 기록지-거리 풍경

	목표문장				아동 반응	
					아동 발화	평가(+, −)
⑩	기본		0	아저씨가 서둘러(급히) 걸어가고 있어요.		
	첨가		A	아저씨가 시계를 보고 있어요.		
			B	아저씨가 가방을 들고 가요.		
			C	아저씨가 늦었어요.		
			D	아저씨가 핸드폰을 떨어뜨렸어요.		
⑪	1	기본	0	아줌마 두 명이 운동을 해요.		
		첨가	A	아줌마 두 명이 강아지를 데리고 가요.		
	2	기본	0	아줌마가 운동을 해요.		
		첨가	A	아줌마가 머리띠를 했어요.		
			B	아줌마가 추리닝(트레이닝복)을 입었어요.		
			C	아줌마가 한 손에 수건을 들었어요.		
			D	아줌마가 강아지를 데리고 가요.		
	3	기본	0	아줌마가 운동을 해요.		
		첨가	A	아줌마가 모자를 썼어요.		
			B	아줌마가 반바지를 입었어요.		
			C	아줌마가 아령을 들었어요.		
			D	아줌마가 이어폰을 꽂았어요.		
			E	아줌마가 음악을 들어요.		
⑫	기본		0	중학생 형(오빠)이 선미 누나(언니)를 기다리고 있어요.		
	첨가		A	중학생 형이 이어폰으로 음악을 듣고 있어요.		
			B	중학생 형이 자전거를 세워 놨어요.		
			C	중학생 형이 슬리퍼를 신었어요.		

긴 문장 만들기 놀이－기록지 ①

- 등장인물: 민이 아빠
- 핵심어휘: (신문을) 보다, 텔레비전, 켜 놓다

	목표문장		아동 반응	
			아동 발화	평가(+, −)
기본	0	아빠가 신문을 보고 있어요.		
첨가	A	아빠가 거실에 있어요.		
	B	아빠가 텔레비전을 켜 놨어요.		
	C	아빠가 소파에 앉아 있어요.		
확장	0+A	아빠가 거실에서 신문을 보고 있어요.		
	0+B	아빠가 텔레비전을 켜 놓고(켜 놓은 채) 신문을 보고 있어요.		
	0×C	아빠가 소파에 앉아서 신문을 보고 있어요.		
	기타			
심화	0+A +B+C	아빠가 거실에서 텔레비전을 켜 놓고(켜 놓은 채) 소파에 앉아서 신문을 보고 있어요.		

긴 문장 만들기 놀이 – 기록지 ②

- 등장인물: 민이
- 핵심어휘: (똥을) 누다, 화장실, 만화책, 찡그리다

<table>
<tr><th rowspan="2"></th><th colspan="2" rowspan="2">목표문장</th><th colspan="2">아동 반응</th></tr>
<tr><th>아동 발화</th><th>평가(+, −)</th></tr>
<tr><td>기본</td><td>0</td><td>민이가 똥을 누고 있어요.</td><td></td><td></td></tr>
<tr><td rowspan="3">첨가</td><td>A</td><td>민이가 화장실에 있어요.</td><td></td><td></td></tr>
<tr><td>B</td><td>민이가 만화책을 보고 있어요.</td><td></td><td></td></tr>
<tr><td>C</td><td>민이가 얼굴을 찡그리고 있어요.</td><td></td><td></td></tr>
<tr><td rowspan="4">확장</td><td>0+A</td><td>민이가 화장실에서 똥을 누고 있어요.</td><td></td><td></td></tr>
<tr><td>0+B</td><td>민이가 만화책을 보면서 똥을 누고 있어요.</td><td></td><td></td></tr>
<tr><td>0+C</td><td>민이가 얼굴을 찡그리고 똥을 누고 있어요.</td><td></td><td></td></tr>
<tr><td>기타</td><td></td><td></td><td></td></tr>
<tr><td>심화</td><td>0+A
+B+C</td><td>민이가 화장실에서 만화책을 보면서 얼굴을 찡그리고 똥을 누고 있어요.</td><td></td><td></td></tr>
</table>

긴 문장 만들기 놀이 – 기록지 ③

- 등장인물: 민이 엄마
- 핵심어휘: 화장하다, 출근하다, 화장대, 거울

	목표문장		아동 반응	
			아동 발화	평가(+, −)
기본	0	민이 엄마가 화장을 하고 있어요.		
첨가	A	민이 엄마가 출근을 할 거예요.		
	B	민이 엄마가 화장대 앞에 앉아 있어요.		
	C	민이 엄마가 거울을 보고 있어요.		
확장	0+A	민이 엄마가 출근을 하려고 화장을 하고 있어요.		
		민이 엄마가 화장을 하고 나서(한 후에) 출근을 할 거예요.		
	0+B	민이 엄마가 화장대 앞에 앉아서 화장을 하고 있어요.		
	0+C	민이 엄마가 거울을 보면서 화장을 하고 있어요.		
	기타			
심화	0+A +B+C	민이 엄마가 출근하려고 화장대 앞에 앉아서 거울을 보면서 화장을 하고 있어요.		

긴 문장 만들기 놀이–기록지 ④

- 등장인물: 정아 엄마
- 핵심어휘: (무릎을) 꿇다, (우유를) 먹이다, (배가) 고프다

		목표문장	아동 반응	
			아동 발화	평가(+, −)
기본	0	정아 엄마가 아기한테 우유를 먹이고 있어요.		
첨가	A	정아 엄마가 무릎을 꿇고 앉아 있어요.		
	B	아기는 배가 고파요.		
확장	0+A	정아 엄마가 무릎을 꿇고 앉아서 아기한테 우유를 먹이고 있어요.		
	0+B	정아 엄마가 배고픈 아기한테 우유를 먹이고 있어요.		
	기타			
심화	0+A+B	정아 엄마가 무릎을 꿇고 앉아서 배고픈 아기한테 우유를 먹이고 있어요.		

긴 문장 만들기 놀이 – 기록지 ⑤

- 등장인물: 정아 아빠, 정아 할머니, 정아
- 핵심어휘: 아침밥, 바닥, (입을) 벌리다, 젓가락, 반찬, 집다, 컵, 맞은편, (물을) 따르다, 무릎, 꿇다

유형 1–전체 그림

	목표문장		아동 반응	
			아동 발화	평가(+, −)
기본	0	아빠랑 할머니랑 정아가 아침밥을 먹고 있어요.		
첨가	A	아빠랑 할머니랑 정아가 방바닥에 앉아 있어요.		
확장	0+A	아빠랑 할머니랑 정아가 방바닥에 앉아서 아침밥을 먹고 있어요.		
	기타			

유형 2–정아

	목표문장		아동 반응	
			아동 발화	평가(+, −)
기본	0	정아가 밥을 먹고 있어요		
첨가	A	정아가 입을 크게 벌렸어요.		
확장	0+A	정아가 입을 크게 벌리고 밥을 먹어요.		
	기타			

유형 3–아빠

	목표문장		아동 반응	
			아동 발화	평가(+, −)
기본	0	아빠는 젓가락으로 반찬을 집고 있어요.		
첨가	A	아빠가 정아 옆에 앉아 있어요.		
확장	0+A	아빠가 정아 옆에 앉아서 젓가락으로 반찬을 집고 있어요.		
	기타			

유형 4-할머니

	목표문장		아동 반응	
			아동 발화	평가(+, −)
기본	0	할머니가 컵에 물을 따르고 있어요.		
첨가	A	할머니가 무릎을 꿇고 앉아 있어요.		
	B	할머니가 정아 맞은편에 앉아 있어요.		
확장	0+A	할머니가 무릎을 꿇고 앉아서 컵에 물을 따르고 있어요.		
	0+B	할머니가 정아 맞은편에 앉아 컵에 물을 따르고 있어요.		
	기타			
심화	0+A +B	할머니가 정아 맞은편에 무릎을 꿇고 앉아 컵에 물을 따르고 있어요.		

더 해 보기

확장문장의 예	아동 반응	
	아동 발화	평가(+, −)
정아는 밥을 먹고 아빠는 젓가락으로 반찬을 집고 있어요.		
정아는 밥을 먹고 아빠는 반찬을 집고 할머니는 컵에 물을 따르고 있어요.		
정아랑 아빠가 밥을 먹는 동안 할머니는 컵에 물을 따르고 있어요.		

긴 문장 만들기 놀이-기록지 ⑥

- 등장인물: 지수 할아버지
- 핵심어휘: 화분, 허리, 구부정하다, 거실, (물을) 주다.

		목표문장	아동 반응	
			아동 발화	평가(+, −)
기본	0	지수 할아버지가 화분에 물을 주고 있어요.		
첨가	A	지수 할아버지는 허리가 구부정해요.		
	B	거실에 화분이 있어요.		
확장	0+A	허리가 구부정한 지수 할아버지가 화분에 물을 주고 있어요.		
	0+B	지수 할아버지가 거실에 있는 화분에 물을 주고 있어요.		
	기타			
심화	0+A +B	허리가 구부정한 지수 할아버지가 거실에 있는 화분에 물을 주고 있어요.		

긴 문장 만들기 놀이–기록지 ⑦

- 등장인물: 지수 아빠, 지수
- 핵심어휘: (머리를) 감기다, 휠체어, 안경, 샤워기, 틀다

	목표문장		아동 반응	
			아동 발화	평가(+, −)
기본	0	지수 아빠가 지수 머리를 감겨 주고 있어요.		
첨가	A	지수가 휠체어에 앉아 있어요.		
	B	지수 아빠가 안경을 썼어요.		
	C	지수 아빠가 샤워기를 틀어 놨어요.		
확장	0+A	지수 아빠가 휠체어에 앉아 있는 지수 머리를 감겨 주고 있어요.		
	0+B	안경 쓴 지수 아빠가 지수 머리를 감겨 주고 있어요.		
	0+C	지수 아빠가 샤워기를 틀어 놓고 지수 머리를 감겨 주고 있어요.		
	기타			
심화	0+A +B+C	안경 쓴 지수 아빠가 샤워기를 틀어 놓고 휠체어에 앉아 있는 지수머리를 감겨 주고 있어요.		

긴 문장 만들기 놀이 – 기록지 ⑧

- 등장인물: 지수 엄마
- 핵심어휘: 냄비, 식탁, 앞치마, 장갑, 뜨겁다, 부엌

<table>
<tr><th rowspan="2"></th><th colspan="2" rowspan="2">목표문장</th><th colspan="2">아동 반응</th></tr>
<tr><th>아동 발화</th><th>평가(+, –)</th></tr>
<tr><td>기본</td><td>0</td><td>지수 엄마가 냄비를 식탁에 올려놓고 있어요.</td><td></td><td></td></tr>
<tr><td rowspan="4">첨가</td><td>A</td><td>지수 엄마는 앞치마를 입고 있어요.</td><td></td><td></td></tr>
<tr><td>B</td><td>지수 엄마가 장갑을 꼈어요.</td><td></td><td></td></tr>
<tr><td>C</td><td>냄비가 뜨거워요.</td><td></td><td></td></tr>
<tr><td>D</td><td>지수 엄마가 부엌에 있어요.</td><td></td><td></td></tr>
<tr><td rowspan="6">확장</td><td>0+A</td><td>앞치마를 입은 지수 엄마가 냄비를 식탁에 올려놓고 있어요.</td><td></td><td></td></tr>
<tr><td rowspan="2">0+B</td><td>지수 엄마가 장갑을 끼고 냄비를 식탁에 올려놓고 있어요.</td><td></td><td></td></tr>
<tr><td>장갑을 낀 지수 엄마가 냄비를 식탁에 올려놓고 있어요.</td><td></td><td></td></tr>
<tr><td>0+C</td><td>지수 엄마가 뜨거운 냄비를 식탁에 올려놓고 있어요.</td><td></td><td></td></tr>
<tr><td>0+D</td><td>지수 엄마가 부엌에서 냄비를 식탁에 올려놓고 있어요.</td><td></td><td></td></tr>
<tr><td>기타</td><td></td><td></td><td></td></tr>
<tr><td>심화</td><td>0+A+B+C+D</td><td>부엌에서 앞치마를 입은 지수 엄마가 장갑을 끼고 뜨거운 냄비를 식탁에 올려놓고 있어요.</td><td></td><td></td></tr>
</table>

긴 문장 만들기 놀이–기록지 ⑨

- 등장인물: 선미, 경미
- 핵심어휘: (머리를) 묶다, 거울, 교복, 찡그리다

		목표문장	아동 반응	
			아동 발화	평가(+, −)
기본	0	선미 언니가 경미 머리를 묶어 주고 있어요.		
첨가	A	경미가 거울을 보고 있어요.		
	B	선미 언니가 교복을 입었어요.		
	C	경미가 얼굴을 찡그려요.		
확장	0+A	선미 언니가 경미 머리를 묶어 주고, 경미가 거울을 보고 있어요.		
	0+B	교복을 입은 선미 언니가 경미 머리를 묶어 주고 있어요.		
	A+C	경미가 거울을 보면서 얼굴을 찡그려요.		
	기타			
심화	0+B+A+C	교복을 입은 선미 언니는 경미 머리를 묶어 주고, 경미는 거울을 보면서 얼굴을 찡그려요.		

긴 문장 만들기 놀이—기록지 ⑩

- 등장인물: 아저씨
- 핵심어휘: 서두르다, 급하다, 늦다, 핸드폰, 떨어뜨리다, (손목)시계

	목표문장		아동 반응	
			아동 발화	평가(+, −)
기본	0	아저씨가 서둘러(급히) 걸어가고 있어요.		
첨가	A	아저씨가 시계를 보고 있어요.		
	B	아저씨가 가방을 들고 가요.		
	C	아저씨가 늦었어요.		
	D	아저씨가 핸드폰을 떨어뜨렸어요.		
확장	0+A	아저씨가 시계를 보면서 서둘러(급히) 걸어가고 있어요.		
	0+B	가방을 든 아저씨가 서둘러(급히) 걸어가고 있어요.		
	0+C	아저씨가 늦어서 서둘러(급히) 걸어가고 있어요.		
	0+D	아저씨가 핸드폰을 떨어뜨린 채 서둘러(급히) 걸어가고 있어요.		
		아저씨가 서둘러(급히) 걸어가다가 핸드폰을 떨어뜨렸어요.		
	기타			
심화	0+A+B	가방을 든 아저씨가 시계를 보면서 서둘러(급히) 걸어가고 있어요.		
	0+B+C	가방을 든 아저씨가 늦어서 서둘러 걸어가고 있어요.		
	0+C+D	아저씨가 늦어서 서둘러(급히) 걸어가다가 핸드폰을 떨어뜨렸어요.		

긴 문장 만들기 놀이 – 기록지 ⑪

- 등장인물: 운동하는 아줌마 두 명
- 핵심어휘: 운동을 하다, 강아지, 머리띠, 추리닝(트레이닝복), 수건, 모자, 반바지, 아령, 이어폰, 꽂다

유형1 – 전체 그림

	목표문장		아동 반응	
			아동 발화	평가(+, −)
기본	0	아줌마 두 명이 운동을 해요.		
첨가	A	아줌마 두 명이 강아지를 데리고 가요.		
확장	0+A	아줌마 두 명이 강아지를 데리고 운동을 해요.		
	기타			

유형 2 – 머리띠를 한 아줌마

	목표문장		아동 반응	
			아동 발화	평가(+, −)
기본	0	아줌마가 운동을 해요.		
첨가	A	아줌마가 머리띠를 했어요.		
	B	아줌마가 추리닝(트레이닝복)을 입었어요.		
	C	아줌마가 한 손에 수건을 들었어요.		
	D	아줌마가 강아지를 데리고 가요.		
확장	0+A	머리띠를 한 아줌마가 운동을 해요.		
	0+B	아줌마가 추리닝(트레이닝복)을 입고 운동을 해요.		
	0+C	한 손에 수건을 든 아줌마가 운동을 해요.		
		아줌마가 한 손에 수건을 들고 운동을 해요.		
	0+D	아줌마가 강아지를 데리고 운동을 해요.		
	기타			

	목표문장		아동 반응	
			아동 발화	평가(+, −)
심화	0+A+C	머리띠를 한 아줌마가 한 손에 수건을 들고 운동을 해요.		
	0+B+C	추리닝(트레이닝복)을 입고 한 손에 수건을 든 아줌마가 운동을 해요.		
	0+B+D	추리닝(트레이닝복)을 입은 아줌마가 강아지를 데리고 운동을 해요.		
	0+A+B+D	머리띠를 하고 추리닝(트레이닝복)을 입은 아줌마가 강아지를 데리고 운동을 해요.		

▌유형 3– 모자를 쓴 아줌마

	목표문장		아동 반응	
			아동 발화	평가(+, −)
기본	0	아줌마가 운동을 해요.		
첨가	A	아줌마가 모자를 썼어요.		
	B	아줌마가 반바지를 입었어요.		
	C	아줌마가 아령을 들었어요.		
	D	아줌마가 귀에 이어폰을 꽂았어요.		
	E	아줌마가 음악을 들어요.		
확장	0+A	모자를 쓴 아줌마가 운동을 해요.		
	0+B	아줌마가 반바지를 입고 운동을 해요.		
	0+C	아줌마가 아령을 들고 운동을 해요.		
	0+D	아줌마가 귀에 이어폰을 꽂고 운동을 해요.		
	0+E	아줌마가 음악을 들으면서 운동을 해요.		
	기타			

	목표문장		아동 반응	
			아동 발화	평가(+, −)
심화	0+A+B	모자를 쓴 아줌마가 반바지를 입고 운동을 해요.		
	0+A+C	모자를 쓴 아줌마가 아령을 들고 운동을 해요.		
	0+A+D	모자를 쓴 아줌마가 귀에 이어폰을 꽂고 운동을 해요.		
	0+D+E	아줌마가 귀에 이어폰을 꽂고 음악을 들으면서 운동을 해요.		
	0+A+C +E	모자 쓴 아줌마가 아령을 들고 음악을 들으면서 운동을 해요.		

더 해 보기

확장문장의 예	아동 반응	
	아동 발화	평가(+, −)
머리띠를 한 아줌마와 모자 쓴 아줌마가 강아지를 데리고 운동을 해요.		
모자 쓴 아줌마가 머리띠를 한 아줌마를 따라가요.		
앞에 가는 아줌마는 머리띠를 했고(입었는데), 뒤에 가는 아줌마는 모자를 썼어요.		
앞에 가는 아줌마는 추리닝을 입었고(입었는데), 뒤에 가는 아줌마는 반바지를 입었어요.		
추리닝을 입은 아줌마는 앞에 가고, 반바지를 입은 아줌마는 뒤에 가요.		
앞에 가는 아줌마는 수건을 들고 가고(가는데), 뒤에 가는 아줌마는 아령을 들고 가요.		

긴 문장 만들기 놀이–기록지 ⑫

- 등장인물: 중학생 형(오빠)
- 핵심어휘: 기다리다, 이어폰, 음악, 자전거, 세우다, 슬리퍼, 신다

<table>
<tr><th rowspan="2"></th><th rowspan="2" colspan="2">목표문장</th><th colspan="2">아동 반응</th></tr>
<tr><th>아동 발화</th><th>평가(+, −)</th></tr>
<tr><td>기본</td><td>0</td><td>중학생 형(오빠)이 선미 누나(언니)를 기다리고 있어요.</td><td></td><td></td></tr>
<tr><td rowspan="3">첨가</td><td>A</td><td>중학생 형이 이어폰으로 음악을 듣고 있어요.</td><td></td><td></td></tr>
<tr><td>B</td><td>중학생 형이 자전거를 세워 놨어요.</td><td></td><td></td></tr>
<tr><td>C</td><td>중학생 형이 슬리퍼를 신었어요.</td><td></td><td></td></tr>
<tr><td rowspan="4">확장</td><td>0+A</td><td>중학생 형이 이어폰으로 음악을 들으면서 선미 누나를 기다리고 있어요.</td><td></td><td></td></tr>
<tr><td>0+B</td><td>중학생 형이 자전거를 세워 놓고 선미 누나를 기다리고 있어요.</td><td></td><td></td></tr>
<tr><td>0+C</td><td>슬리퍼를 신은 중학생 형이 선미 누나를 기다리고 있어요.</td><td></td><td></td></tr>
<tr><td>기타</td><td></td><td></td><td></td></tr>
<tr><td>심화</td><td>0+A+B+C</td><td>슬리퍼를 신은 중학생 형이 자전거를 세워 놓고 이어폰으로 음악을 들으면서 선미 누나를 기다리고 있어요.</td><td></td><td></td></tr>
</table>

저자 소개

윤혜련
이화여자대학교 문리대학 졸업
이화여자대학교 대학원 특수교육학 석사
이화여자대학교 대학원 언어병리학 박사
전) 이화여자대학교, 연세대학교, 나사렛대학교, 명지대학교 대학원 언어치료학과 겸임교수
　한국언어장애전문가협회, 한국언어청각임상학회 총무이사 및 상임이사
현) 윤언어교육원 원장, 연세대학교 대학원 언어병리학 협동과정 겸임교수
　1급 언어치료사
저 · 역서: 의사소통장애의 이해(공저, 학지사, 2010)
　소그룹 언어치료의 이론과 실제(공저, 서울장애인종합복지관, 2008)
　언어와 읽기장애(공역, 시그마프레스, 2008)
　영 · 유아 언어발달 검사(SELSI)(공저, 도서출판 특수교육, 2003)

양수진
이화여자대학교 영어영문학과 졸업
이화여자대학교 대학원 언어병리학 석사
현) 윤언어교육원 언어치료사, 나사렛대학교 언어치료학과 출강
　1급 언어치료사
저서: 재미있는 듣기 연습(공저, 군자출판사, 2004)

오세나
나사렛대학교 언어치료학과 졸업
단국대학교 대학원 언어치료학 석사과정 수료
현) 윤언어교육원 언어치료사
　2급 언어치료사

이경아
서울대학교 졸업
이화여자대학교 대학원 언어병리학 석사
전) 아트박스 출판사 편집부 근무
　덕암출판 편집부 근무
현) 윤언어교육원 언어치료사
　1급 언어치료사

언어발달 촉진 프로그램

민이네 아침 풍경

❹ 평가와 중재 기록지

2012년 8월 10일 1판 1쇄 발행
2023년 6월 20일 1판 4쇄 발행

지은이 • 윤혜련 · 양수진 · 오세나 · 이경아
펴낸이 • 김 진 환
펴낸곳 • (주) 학지사

04031 서울특별시 마포구 양화로 15길 20 마인드월드빌딩 5층

대표전화 • 02) 330-5114 팩스 • 02) 324-2345

등록번호 • 제313-2006-000265호

홈페이지 • http://www.hakjisa.co.kr
페이스북 • https://www.facebook.com/hakjisabook

ISBN 978-89-6330-934-7 94370
ISBN 978-89-6330-932-3 (set)

정가 **5,000**원